York Höller

Piano Sonata No. 4

2022

BOOSEY & HAWKES
BOTE & BOCK

York Höller
Piano Sonata No. 4
(2022)

Commande Radio France

radiofrance

World Premiere:
08.02.2023
Maison de la radio et de la musique, Paris
Bertrand Chamayou, piano

Duration: 11′

www.boosey.com

BB 3806

ISMN 979-0-2025-3806-7
ISBN 978-3-7931-4503-5

Download Version:

BB 3807

ISMN 979-0-2025-3807-4
ISBN 978-3-7931-4504-2

Bertrand Chamayou gewidmet
Das Werk entstand im Auftrag von Radio France, Paris

Piano Sonata No. 4

York Höller
(2021/2022)

11
8va
mf
mp
p
8vb
Ped.
12
♩=66
pp
p
♩=72
p
p
Ped.
14
(Ped.)
p
f
Ein klein wenig bewegter
♩=80
16
p
f
p
pp
(3. Ped.)
mp
pp
mp
8vb
Ped.
19
p
pp
6
(8)
(Ped.)
Ped.

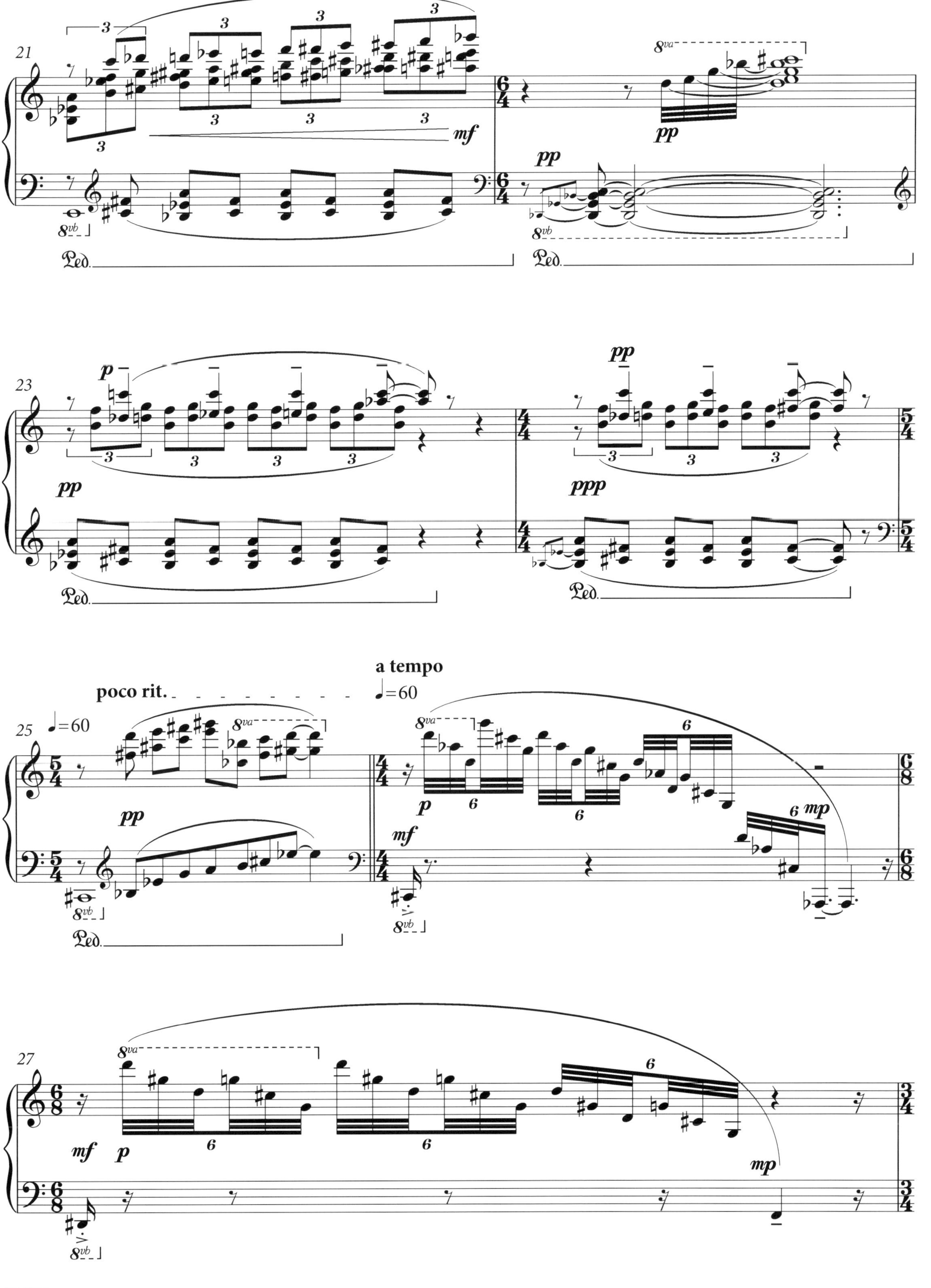
poco rit.
a tempo
♩=60
♩=60

28
♩=66
30
poco accel.
♩=60
32
♩=66
34
15ma
8vb
Ped.
(Ped.)
p
mf
pp
mp
f

Wieder etwas bewegter
Ziemlich rasch
(sordino)
Tempo primo
deutlich bewegter
(senza sordino)

wieder ruhig
♩=60
Lebhaft und sehr akzentuiert
♩=108
p sub.

(Gleiches Tempo)
(con Ped.)
(senza Ped.)

Sehr strikt und gleichmäßig im Tempo

20230717

85
87
89
Sehr langsam
92
♩=50
pp
poco rit.
Ped.
Ped.
Mäßig bewegt
94
♩=100
mp sempre molto legato
pp
con Ped.

20230717

109
f
mf
p
p
(Ped.)
Ped.
111
8vb
(Ped.)
(Im gleichen Tempo wie vorher)
♩=108
114
sempre legato
f poco
p sempre
pp sempre
8vb
Ped.
118
8vb
(Ped.)
121
8vb
(Ped.)

20230717

142
pp
mf
mp
(Ped.)
144
p
f
(stummer
Cluster)
8vb
Ped.
3. Ped.
Sehr bewegt
146
♩=152
f
p
mp
mf
(3. Ped.)
150
(3. Ped.)
154
(3. Ped.)

158
mp
p
f
p
mp
f
p
mp
(3. Ped.)
162
mf
mp
mf
mp
f
(3. Ped.)
Sehr ruhig
♩=40
167
8va
pp
p
8vb
Ped.
6
f
f
8va
pp
p
Ped.
Sehr rasch, flüssig und leise
♪=160
170
6
f
mp
p
Ped.
Ped.
173
8va
Ped.
Ped.
Ped.

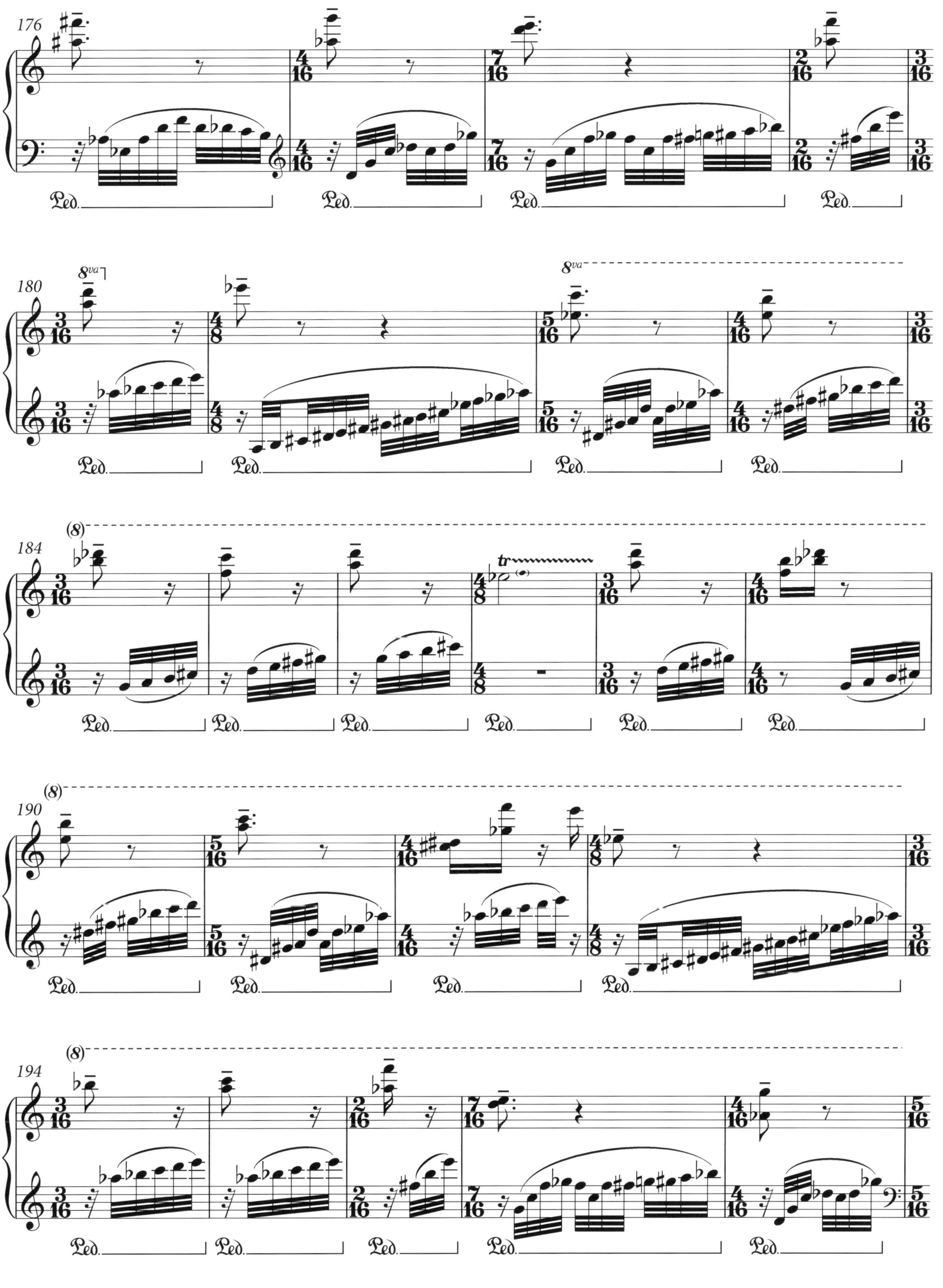
176
Ped.
180
8va
Ped.
184
(8)
tr
Ped.
190
(8)
Ped.
194
(8)
Ped.

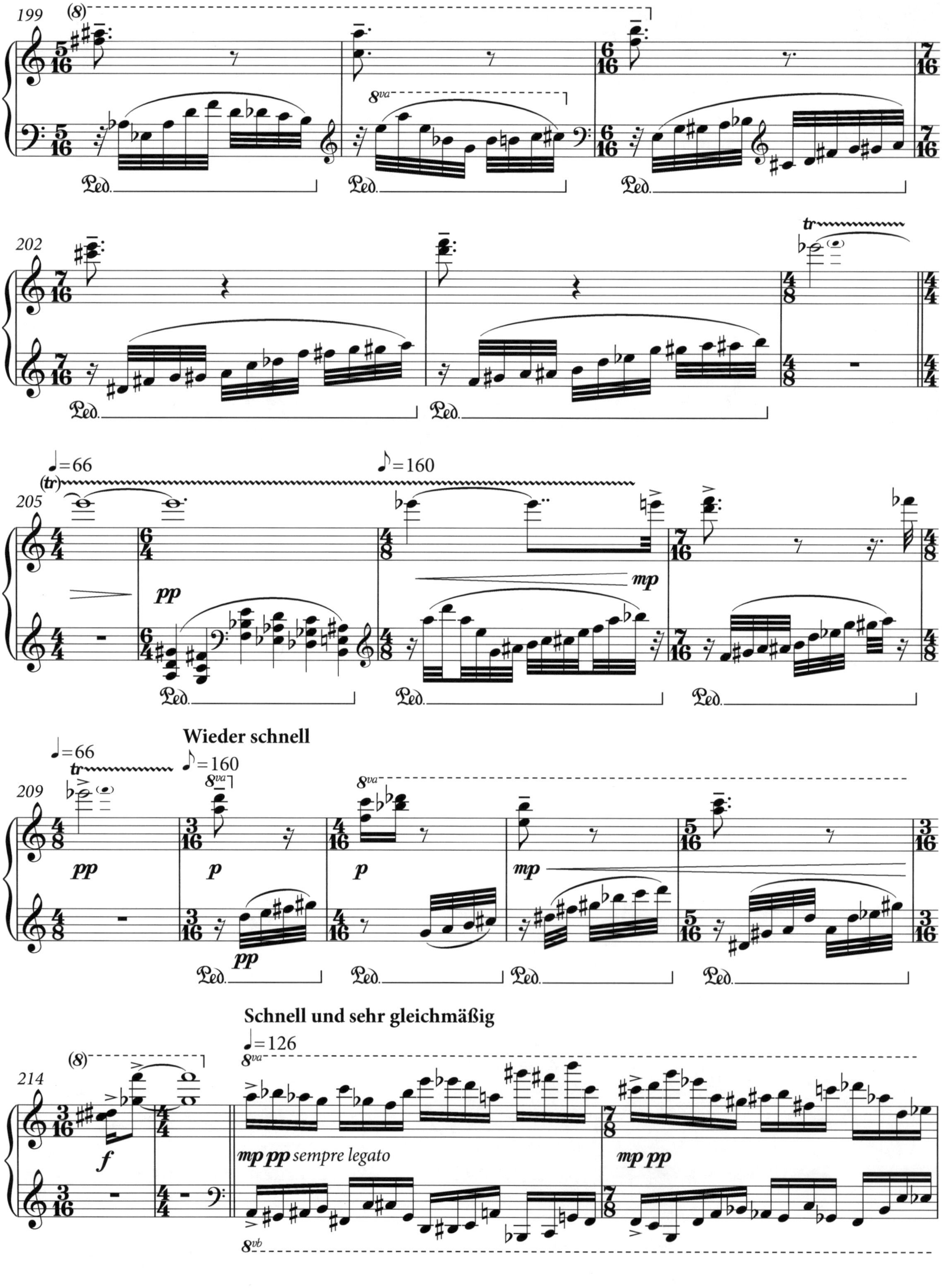
Wieder schnell
Schnell und sehr gleichmäßig
sempre legato
Ped.

20230717

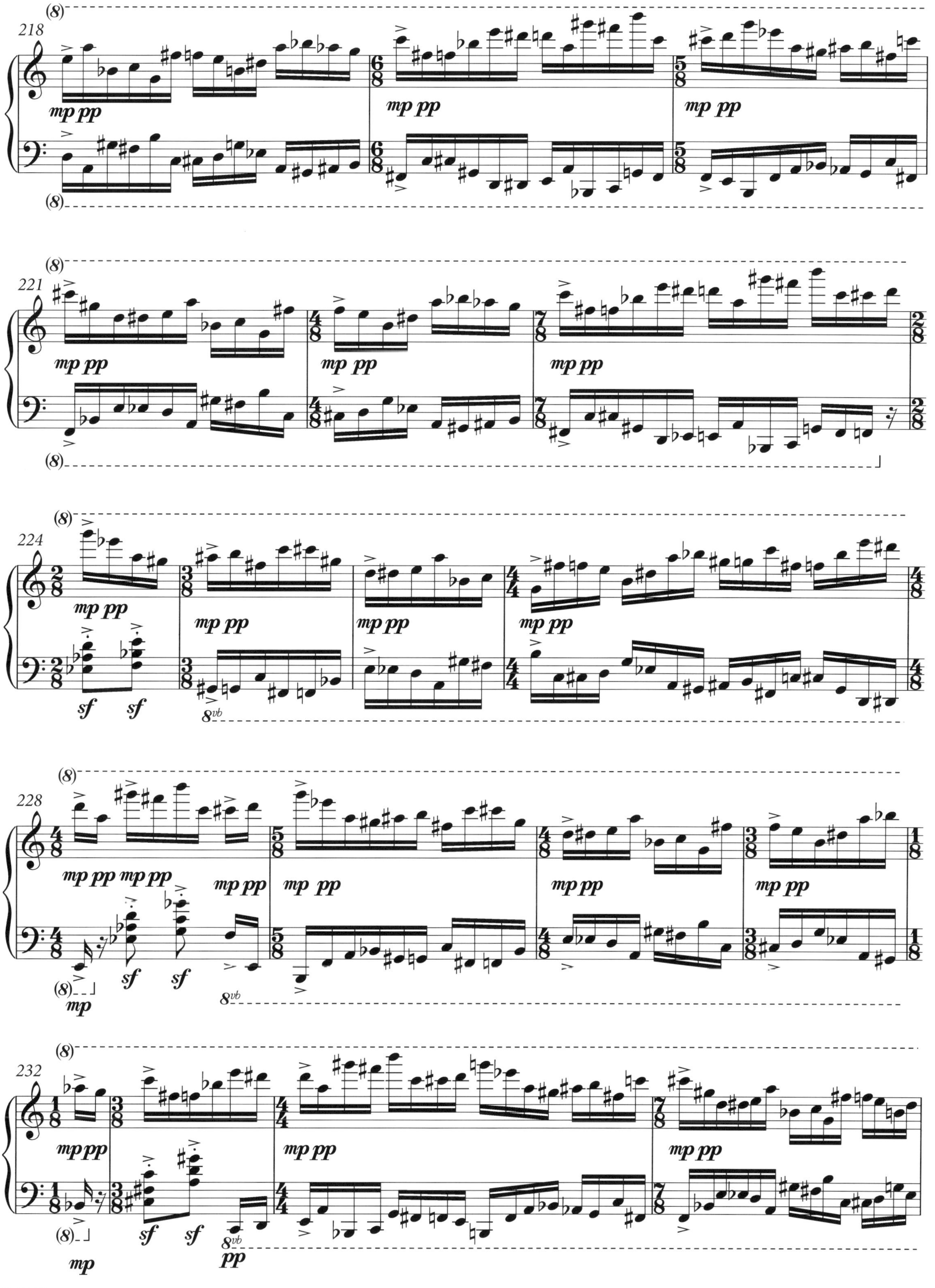
218
221
224
228
232
mp pp
sf
8vb
mp

236
239
242
246
250
mp pp
sf
8vb
8va
pp sempre

254
mp pp
257
sf
pp
260
263
f
267
poco a poco diminuendo
Ped.

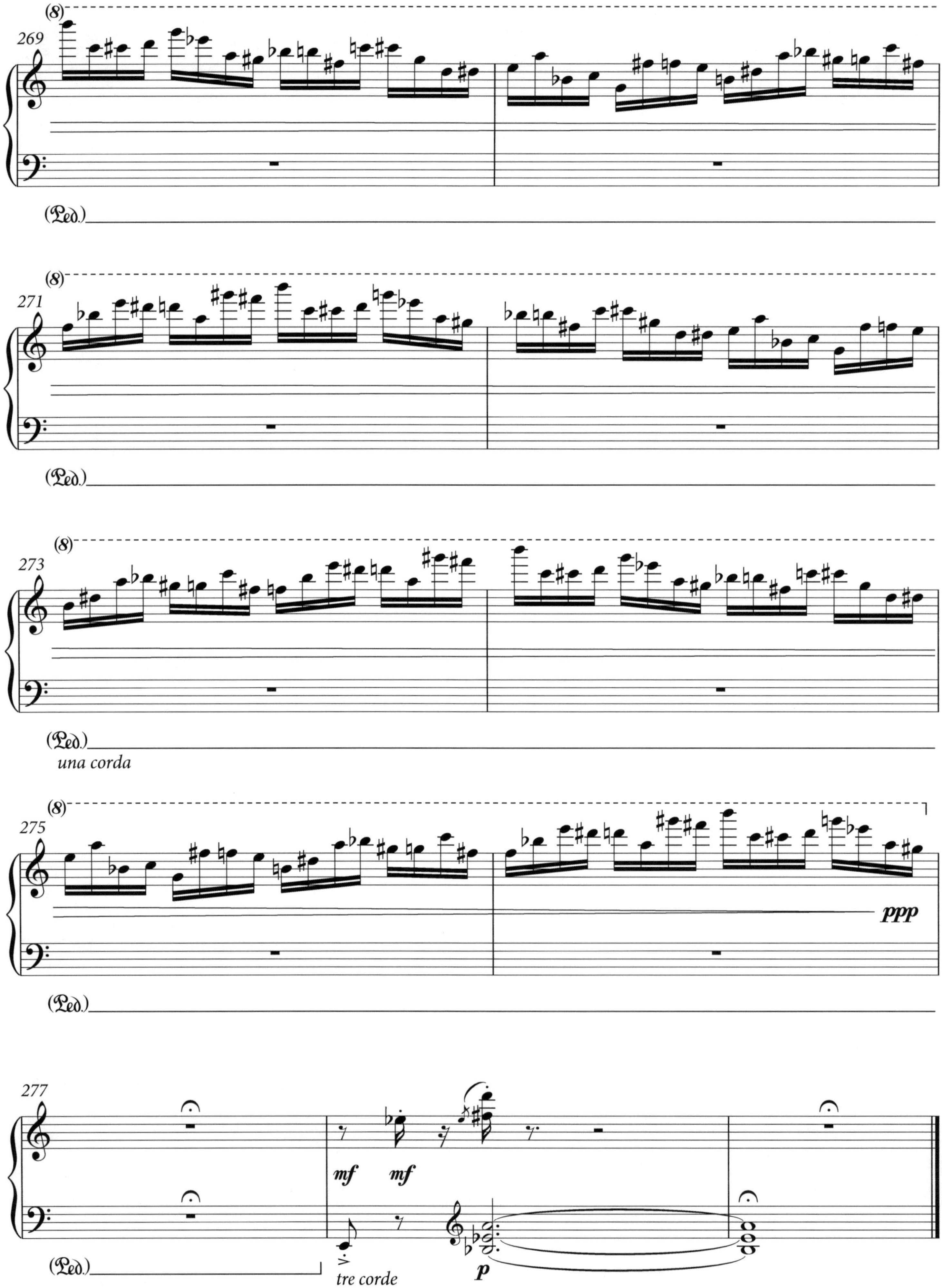
(8)
269
(Ped.)
(8)
271
(Ped.)
(8)
273
(Ped.)
una corda
(8)
275
ppp
(Ped.)
277
mf
mf
(Ped.)
tre corde
p